Inhaltsverzeichnis

Vorwort

Pinguine sind außergewöhnliche Vögel. Im Gegensatz zu ihren flugfähigen Artgenossen verbringen sie die meiste Zeit am oder im Wasser. An Land wirken sie mit ihrem Watschelgang etwas ungelenkig. Dies liegt daran, dass sich ihre Füße sehr weit hinten am Körper befinden. Dadurch müssen sie sich zum Gehen gerade aufrichten, sodass sie wie kleine Menschen mit Frack aussehen.

Pinguine können nicht fliegen. Sie sind jedoch ausgezeichnete Schwimmer und Taucher. Der schnellste Schwimmer unter den Pinguinen ist der Eselspinguin. Er erreicht für kurze Zeit eine maximale Geschwindigkeit von 27 km/h. Seine Artgenossen schaffen beachtliche 24 km/h. Den Rekord als Taucher hält der Kaiserpinguin. Er kann durchschnittlich fast 20 Minuten tauchen und erreicht dabei eine Tiefe von 500 bis 550 Metern.
Weltweit gibt es 17 verschiedene Pinguinarten. Viele Menschen denken, dass alle Pinguine in der eisigen Kälte der Antarktis leben. Tatsächlich gibt es jedoch Pinguine, die sich in der Wärme wohlfühlen. So leben beispielsweise Felsen-, Goldschopf- und Magellanpinguine in Argentinien und Chile. Selbst in Südafrika gibt es eine Pinguinart. Hier ist der Brillenpinguin zu Hause. Weitere Pinguine bevölkern Neuseeland und Australien. Sogar auf den Galápagosinseln in der Nähe des Äquators, dem nördlichsten Lebensraum von Pinguinen, leben die Galápagospinguine.
Die Faszination für diese tollen Tiere ist bei fast allen Kindern vorhanden. Auch die Erwachsenen freuen sich über die possierlichen Tiere, die unter Wasser ihr wahres Können zeigen. Einige Zoos besitzen extra einen Unterwassertunnel, in dem Pinguine auf Tauchstation gehen können, wodurch Kinder und Erwachsene sie sehr gut beobachten können.
Um die vorhandene Begeisterung der Kinder für diese wundervollen und außergewöhnlichen Vögel aufzugreifen, finden Sie in diesem Kurzprojekt ausgewählte Angebote rund um das Thema „Pinguine“. Wie in allen Kurzprojekten für den Kita-Bereich decken die Angebote verschiedene Bildungsbereiche ab. Kreative und vielfältige Angebote zur Körperwahrnehmung, zum Singen, Spielen und Basteln sorgen dafür, dass die Kinder die faszinierenden Vögel noch tiefer in ihr Herz einschließen und mit Freude jeder Projekteinheit entgegenfiebern werden.
So entdecken die Kita-Kinder mit viel Freude die Welt der Pinguine. Dabei verstehen sie Schritt für Schritt, was das Besondere an Pinguinen ist. Außerdem lernen sie, dass sich Eisbären und Pinguine niemals begegnen, da sie unterschiedliche Lebensräume haben. Pinguine leben in der Antarktis (Südpol) und Eisbären in der Arktis (Nordpol).

Ich wünsche Ihnen und den Kita-Kindern viel Freude und eine erlebnisreiche Zeit mit diesem Heft. Gehen Sie auf Entdeckungstour mit den Pinguinen.

Ihr Günther Lohmer

Liebe Fachkraft,
wir möchten in unseren Materialien niemanden benachteiligen oder diskriminieren. Daher nutzen wir unter anderem das Gendersternchen, um alle Geschlechter anzusprechen. Auf Arbeitsblättern für Kinder verzichten wir jedoch aus Gründen der besseren Lesbarkeit darauf und nutzen weiterhin entweder die „neutrale“ Form oder Doppelformen. Selbstverständlich sind stets alle Geschlechter gemeint.

Vorbemerkungen

Zu den verwendeten Symbolen

Hauptkategorien:

Spannendes über Pinguine

Körperbau und Aussehen

Fressverhalten und Lebensraum

Pinguinarten und Fortpflanzung

Feinde

Feste feiern

Kinderarbeitsblatt

Bildungsbereiche:

 Sprachliche Bildung

 Musikalische Bildung

 Ästhetische Erziehung

 Umwelt-, Sach- und Naturbegegnung

 Sozialerfahrungen

 Gesundheit und Ernährung

 Mathematische Bildung

 Wahrnehmung und Entspannung

 Körpererfahrung und Bewegung

Tipps und Anregungen zu den Angeboten

Die einzelnen Angebote sind nicht nach Bildungsbereichen, sondern nach Themen sortiert. Innerhalb der Themen bauen die Angebote aufeinander auf. Selbstverständlich können Sie auch nur einzelne Aufgaben mit den Kindern bearbeiten. Die farbigen Bildkarten in der Heftmitte werden für verschiedene Angebote benötigt.

Zu „Sachinformationen für die Erzieher*innen":

Diese zusätzlichen Sachinformationen dienen dazu, dass Sie ein Grundwissen zum Thema Pinguine erhalten. Sie entscheiden selbst, wie viele Informationen Sie an die Kinder weitergeben möchten. Dies hängt davon ab, wie intensiv Sie das Thema bearbeiten wollen und wie interessiert und aufnahmebereit die Kinder sind.

Vorbemerkungen

Zu „Wimmelbild", s. S. 5, 7 und 8:
Das Wimmelbild „Pinguine und ihr Lebensraum" zeigt den Kindern, dass Pinguine flugunfähige Vögel sind, die gerne im Meer schwimmen und Fische fressen. Der Schwertwal ist der natürliche Feind der Pinguine. Viele Menschen sind der Auffassung, dass Pinguine nur in der Kälte auf Eisschollen leben. Dies trifft jedoch nicht auf alle Pinguine zu. Beispielsweise lebt der Brillenpinguin in Südafrika und ist häufig am Strand anzutreffen.

Zu „Pinguine an Land und im Meer – Abzählreim", s. S. 5 – 6:
Die meisten Kinder in den Kitas lieben Abzählreime. Wenn Sie diese noch mit entsprechenden Bewegungen untermalen, ist die Begeisterung der Kinder besonders groß.

Zu „Federkleid als Taucheranzug?", s. S. 16:
Kinder verfolgen begeistert eine Pinguin-Fütterung im Zoo. Oftmals geschieht dies, wenn die Pinguine an Land sind. Doch manchmal tauchen die Pinguine auch nach den Fischen. Wie diese flugunfähigen Vögel trotz ihres Federkleids intensiv und gut tauchen können, erleben Sie gemeinsam mit den Kindern bei diesem Experiment.

Zu „Krill", s. S. 23:
Pinguine fressen neben kleinen Fischen auch gerne Krill. Insbesondere bei den Pinguinen, die in der Antarktis leben, gehört Krill zur täglichen Hauptspeise. Als Krill bezeichnen Biologen Kleinstlebewesen im Meer. Dazu zählen kleine Krebse und Schnecken, die in großen Schwärmen vorkommen. Sie sind überwiegend Pflanzenfresser und ernähren sich von Phytoplankton und Algen. Durch die industrielle Herstellung von Fischöl aus Krill nimmt der natürliche Bestand rapide ab und gefährdet die Lebensgrundlage der Pinguine.

Zu „Die Lebensräume der Pinguine", s. S. 24 – 25 und Bildkarten aus der Heftmitte:
Anhand der Weltkarte auf S. 25 in Verbindung mit den Bildkarten aus der Heftmitte können Sie den Kindern erklären, dass Pinguine sowohl in der Kälte als auch in der Wärme leben.

Zu „Groß oder klein – kalt oder warm?", s. S. 26:
Auf der Seite vom BR *www.br.de/wissen/pinguine-antarktis-lebensraum-arten-welttag-ehrentag-klimawandel-100.html* gibt es einen tollen Größenvergleich.

Zu „Vom Ei zum Pinguin", s. S. 27:
Anhand der Bilder vertiefen die Kinder nochmals, dass Pinguine Vögel sind, die Eier legen.

Zu „Ei-Übergabe bei den Kaiserpinguinen", s. S. 28:
Bei den meisten Vögeln brüten die Weibchen die Eier aus. Der Kaiserpinguin ist der einzige Vogel, der im Winter brütet. Hier brütet das Männchen ganz allein das Ei aus.

Zu „Leckere Vollkorn-Schoko-Pingus", s. S. 33 – 34:
Die Kekse sind mit vollwertigen Zutaten gebacken, weil diese wesentlich besser verträglich sind. Achten Sie dennoch auf etwaige Unverträglichkeiten und Allergien bei den Kindern und Ihren Gästen.

Wimmelbild

ab 3 Jahr

Material:
Kopiervorlage „Wimmelbild“ (s. S. 6), ggf. farbige Bildkarten (s. Heftmitte)

Vorbereitung:
Kopieren Sie die Kopiervorlage im Vorfeld auf die gewünschte Größe. Wenn Sie die Möglichkeit haben, dann kopieren Sie sie auf DIN A3.

Arbeitsanleitung:
Betrachten Sie gemeinsam mit den Kindern das Wimmelbild und hören Sie zu, was die Kinder auf dem Bild entdecken. Motivieren Sie die Kinder zu erzählen, indem Sie ihnen folgende Fragen stellen:

- Wie viele Pinguine sind auf dem Bild?
- Was fressen die Pinguine?
- Wo leben die Pinguine?
- Warum ist auf dem Bild so viel Waser abgebildet?

ab 3 Jahren

Pinguine an Land und im Meer – Abzählreim

Material:
Abzählreim (s. S. 7 – 8), pro Kind 5 Fische (z. B. Kopiervorlage „Futter für den Pinguin“, s. S. 21)

Arbeitsanleitung:

1. Alle Kinder stehen im Kreis.
2. Lesen Sie den Text langsam vor. Machen Sie die entsprechenden Bewegungen dazu.
3. Die Kinder machen die Bewegungen dann nach.
4. Zeigen Sie parallel mit einer Hand die Anzahl der Pinguine an.

Differenzierungsmöglichkeit für lernbegeisterte Kinder:
Mit der zweiten Hand können Sie die Pinguine im Meer anzeigen.

Kopiervorlage „Wimmelbild"

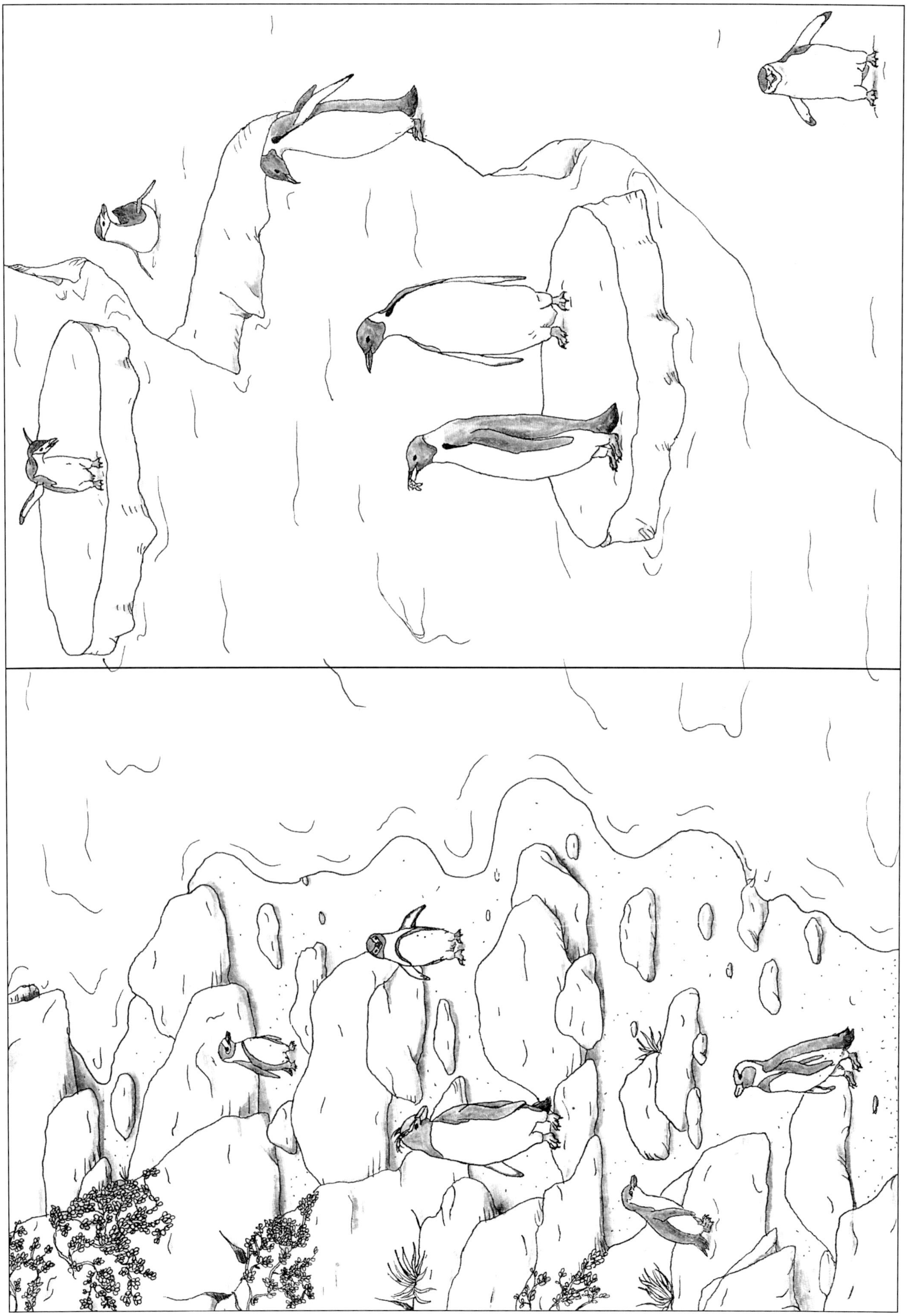

Pinguine an Land und im Meer – Abzählreim (1) 

ab 3 Jahren

Fünf Pinguine schauen vom Land auf das Meer.
Ihr Magen knurrt, denn er ist so furchtbar leer.
Die Kinder legen die Hand über den Augen an die Stirn und schauen in die Ferne.
Sie reiben sich über den knurrenden Magen.

Der Erste springt ins Meer und taucht lange,
da wird den anderen Vieren ganz schön bange.
Die Kinder springen am Platz in die Luft und machen Schwimmbewegungen.

Oh je, oh je, wo bleibt er nur,
von dem einen Pinguin gibt es keine Spur.
Die Kinder drehen den Kopf hin und her. Sie schauen nach dem Pinguin.

Dann springt der Zweite auch ins Meer und taucht lange,
den anderen drei Pinguinen wird ganz schön bange.
Kinder machen einen Sprung in die Luft.

Oh je, oh je, wo bleiben sie nur,
von den zwei Pinguinen gibt es keine Spur.
Die Kinder drehen den Kopf hin und her. Sie schauen nach den Pinguinen.

Dann springt der Dritte auch ins Meer und taucht lange,
den anderen zwei Pinguinen wird ganz schön bange.
Die Kinder springen am Platz in die Luft und machen Schwimmbewegungen.

Oh je, oh je, wo bleiben sie nur,
von den drei Pinguinen gibt es keine Spur.
Die Kinder drehen den Kopf hin und her. Sie schauen nach den Pinguinen.

Dann springt der Vierte auch ins Meer und taucht lange,
dem fünften Pinguin wird ganz schön bange.
Die Kinder springen am Platz in die Luft und machen Schwimmbewegungen.

Oh je, oh je, wo bleiben sie nur,
von den vier Pinguinen gibt es keine Spur.
Die Kinder drehen den Kopf hin und her. Sie schauen nach den Pinguinen.

Dann springt der Fünfte auch ins Meer und taucht lange,
und nun ist keinem Pinguin mehr bange.
Die Kinder springen am Platz in die Luft und machen Schwimmbewegungen.

Viele Fische schwimmen im Meer,
da bleibt der Pinguinmagen nicht lange leer.
Nach kurzer Zeit ist der Bauch sehr voll,
das findet jeder Pinguin ganz toll.
Kinder freuen sich und klopfen sich auf den Bauch.

Pinguine an Land und im Meer – Abzählreim (2) 

ab 3 Jahren

Mit einem Fisch als Picknick in der Hand
watschelt der erste Pinguin zurück an Land.
Kinder bücken sich und nehmen einen Fisch in die Hand.
Sie machen Watschelbewegungen mit den Füßen.

Vier Pinguine schwimmen jetzt noch im Meer,
der erste Pinguin an Land vermisst sie sehr.
Die Kinder rufen: Pinguin komm heim!

Mit einem Fisch als Picknick in der Hand
watschelt der zweite Pinguin zurück an Land.
Kinder bücken sich und nehmen einen Fisch in die Hand.
Sie machen Watschelbewegungen mit den Füßen.

Drei Pinguine schwimmen jetzt noch im Meer,
die zwei Pinguine an Land vermissen sie sehr.
Kinder rufen: Pinguin komm heim!

Mit einem Fisch als Picknick in der Hand
watschelt der dritte Pinguin zurück an Land.
Kinder bücken sich und nehmen einen Fisch in die Hand.
Sie machen Watschelbewegungen mit den Füßen.

Zwei Pinguine schwimmen jetzt noch im Meer,
die drei Pinguine an Land vermissen sie sehr.
Die Kinder rufen: Pinguin komm heim.

Mit einem Fisch als Picknick in der Hand
watschelt der vierte Pinguin zurück an Land.
Kinder bücken sich und nehmen einen Fisch in die Hand.
Sie machen Watschelbewegungen mit den Füßen.

Ein Pinguin schwimmt jetzt noch im Meer,
die vier Pinguine an Land vermissen ihn sehr.
Die Kinder rufen: Pinguin komm heim.

Mit einem Fisch als Picknick in der Hand
watschelt auch der fünfte Pinguin zurück an Land.
Kinder bücken sich und nehmen einen Fisch in die Hand.
Sie machen eine Watschelbewegung mit den Füßen.

Pinguine sind so wunderbar

ab 4 Jahren

Text: Günther Lohmer, Melodie: Gottes Liebe ist so wunderbar (traditionell)

Refrain: Pinguine sind so wunderbar, *(Die Kinder streichen sich selbst über ihr Gesicht.)*
Pinguine sind so wunderbar,
Pinguine sind so wunderbar,
so wunderbar hübsch.

Sie watscheln hin und her, *(Die Kinder machen Watschelbewegungen.)*
Sie watscheln hin und her,
Sie watscheln hin und her,
das ist gar nicht schwer.
Refrain: Pinguine sind so wunderbar …

Sie tauchen tief im Meer, *(Die Kinder machen Tauchbewegungen.)*
Sie tauchen tief im Meer,
Sie tauchen tief im Meer,
das ist gar nicht schwer.
Refrain: Pinguine sind so wunderbar …

Sie fressen viel Fisch, *(Die Kinder machen Essbewegungen.)*
Sie fressen viel Fisch,
Sie fressen viel Fisch,
fressen viel Fisch.
Refrain: Pinguine sind so wunderbar …

Auf dem Bauch geht es schneller – die Pinguin-Rutsche

ab 4 Jahren

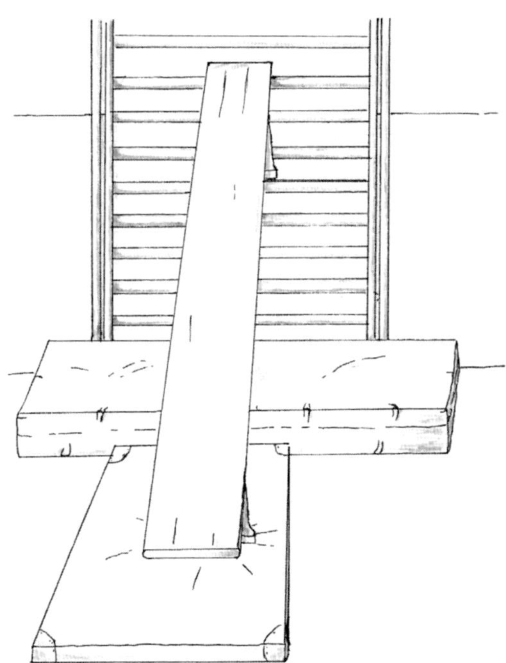

Material:
1 Sprossenwand, 1 Bank, 1 Weichbodenmatte, 1 Turnmatte, Teppichfliesen

Vorbereitung:
Legen Sie die Weichbodenmatte quer vor die Sprossenwand. Hängen Sie die Bank in die Sprossenwand ein. Stellen Sie sicher, dass diese ordentlich eingehängt ist.
Legen Sie am Ende der Bank eine Turnmatte längs unter die Bank.
Fertig ist die Pinguinrutsche!

Arbeitsanleitung:

- Nacheinander klettern die Kinder die Sprossenwand hinauf.
- Legen Sie bei jedem Kind eine Teppichfliese oben auf die Bank, sodass es sich mit dem Bauch auf die Teppichfließe legen kann. Halten Sie die Teppichfliese und das Kind dabei fest.
- Erst auf Ihr Kommando hin darf das Kind so herunterrutschen. Achten Sie darauf, dass es gerade herunterrutscht. Stellen Sie sich so hin, dass Sie das Kind gegebenenfalls auffangen können.

Tipp: Ängstliche Kinder können zunächst auf dem Po herunterrutschen. Haben sie genug Selbstvertrauen entwickelt, können sie im Anschluss versuchen, auf dem Bauch herunterzurutschen.

Differenzierung: Bei jüngeren Kindern, die noch nicht gut bzw. selbstständig klettern können, ist sicherlich Ihre Hilfe erforderlich. Wenn die Kinder noch klein und noch nicht zu schwer sind, können Sie die Kinder auf die Bank heben.
Sie können des Weiteren auch die Neigung der Bank variieren, indem diese weiter unten oder oben eingehängt wird.
Bei mutigen Kindern steht die Bank dann etwas steiler und bei zögerlichen Kindern etwas flacher.

So sieht ein Pinguin aus

ab 4 Jahren

Material:

Kopiervorlage „So sieht ein Pinguin aus“ (s. S. 12), Bildkarte „Eselspinguin“ (s. Heftmitte), 1 Schere, orangefarbene Buntstifte, Klebstoff, pro Kind 1 leere Toilettenpapierrolle, Wackelaugen, schwarze Plakatfarbe, Pinsel

Vorbereitung:

Kopieren Sie für jedes Kind die Bastelvorlage. Legen Sie für jedes Kind die benötigten Materialien bereit.

Arbeitsanleitung:

Zeigen Sie den Kindern die Bildkarte des Eselspinguins. Da der Eselspinguin orangefarbene Füße und einen orangefarbenen Schnabel hat, eignet er sich hervorragend als Bastelvorlage. Besprechen Sie die einzelnen Farben der jeweiligen Körperteile mit den Kindern. Hängen Sie das Bild für alle Kinder sichtbar auf. Alle Teile der Vorlage werden ausgeschnitten. Zunächst lassen Sie die Kinder die leere Toilettenpapierrolle mit schwarzer Plakatfarbe anmalen. Stellen Sie die angemalten Rollen anschließend zum Trocknen zur Seite. Danach malen die Kinder die einzelnen Körperteile der Bastelanleitung mit den richtigen Farben und schneiden sie aus. Anschließend kleben die Kinder die Flügel auf den Körper. Zeigen Sie den Kindern danach, dass der Schnabel etwas eingeknickt werden muss, wo er angeklebt wird. Anschließend dürfen die Kinder ihren Schnabel einknicken und an den Pinguin kleben. Zuletzt kleben die Kinder die Wackelaugen in das Gesicht des Pinguins.

Kopiervorlage „So sieht ein Pinguin aus"

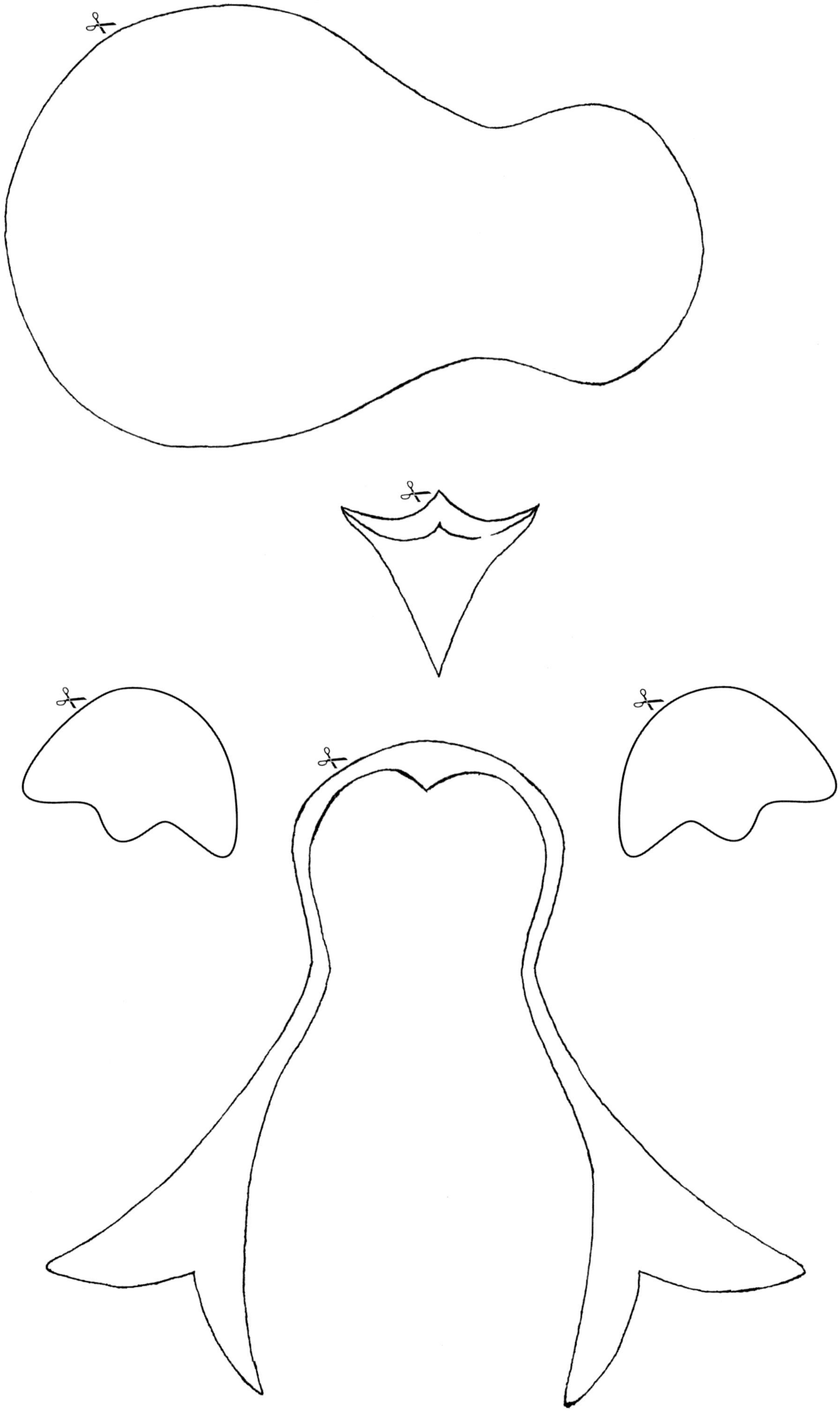

Eselspinguin

ab 4 Jahren

Male den Pinguin aus.
○ = schwarz, △ = weiß, □ = orangefarben

Zahlenpinguin

Wer ist denn das? Verbinde die Zahlen.

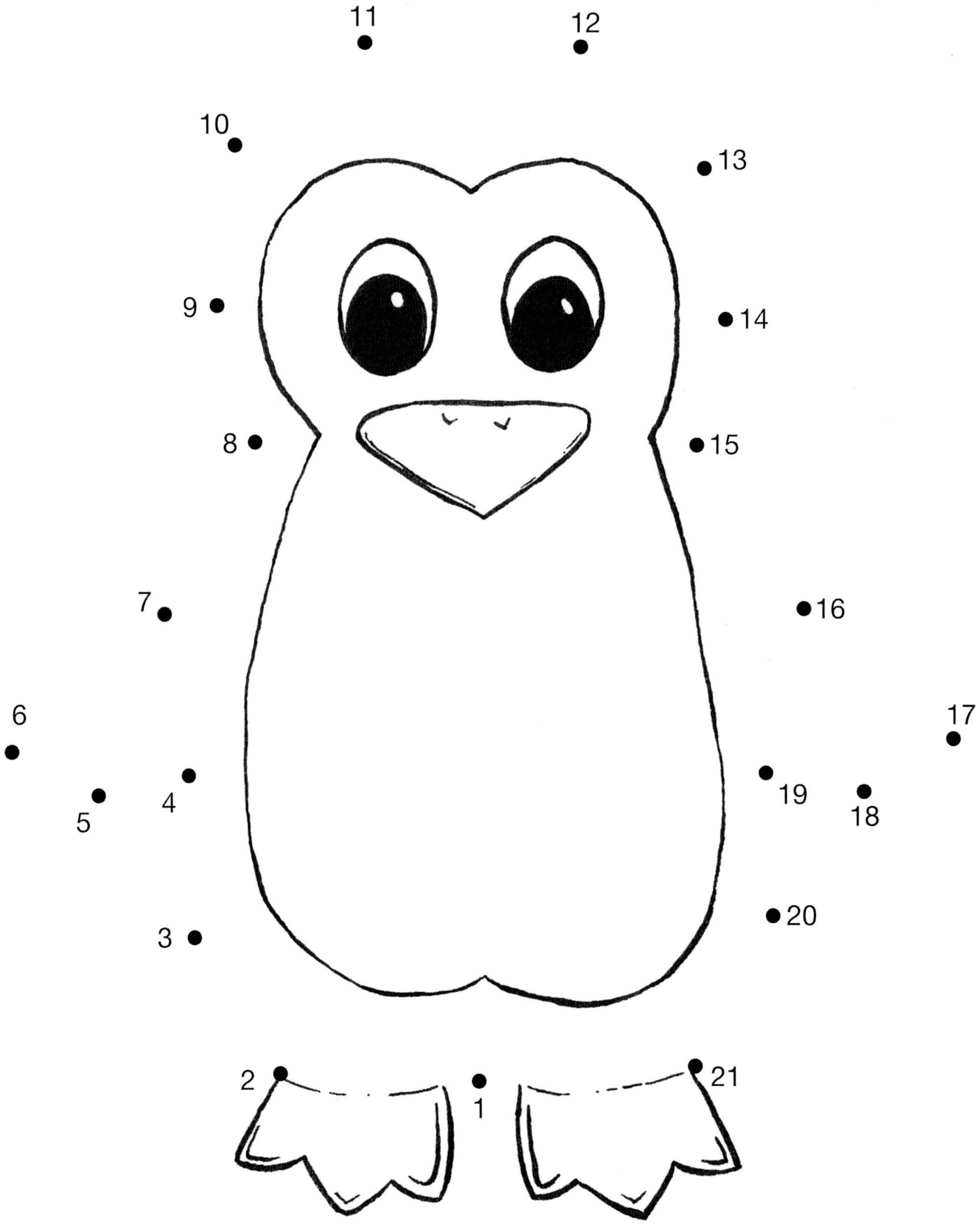

11 12 10 13 9 14 8 15 7 16 6 17 5 4 19 18 3 20 2 1 21

Die Körperteile eines Pinguins

ab 2 Jahren

Material:
Wortkarten (s. u.), Bildkarten (s. Heftmitte)

Vorbereitung:
Material bereitlegen und die Kinder rund um einen Tisch versammeln.

Arbeitsanleitung:
Schauen Sie sich mit den Kindern die Pinguine auf den Bildkarten an. Deuten Sie mit den Fingern auf den Kopf eines Pinguins und fragen Sie die Kinder nach dem Namen des Körperteils. Anschließend legen Sie die Wortkarte „Kopf" auf den Tisch. Wiederholen Sie den Körperteil, indem Sie sagen: „Alle Pinguine haben einen Kopf". Betrachten Sie dann mit den Kindern den Kopf des Pinguins genauer. Was befindet sich am Kopf? Welche Farben hat er. Wie sieht dies bei den einzelnen Pinguinen auf den Bildkarten aus? Sprechen Sie dann über die Augen. Fragen Sie die Kinder, ob alle Pinguine Augen haben. Fragen Sie sie, wie viele Augen Pinguine haben und in welcher Farbe diese sind. Anschließend legen Sie die Wortkarte „Augen" auf den Tisch. Wiederholen Sie: „Alle Pinguine haben zwei Augen". Besprechen Sie so Körperteil für Körperteil und legen Sie anschließend die passende Wortkarte auf den Tisch.

Pinguin	Flügel
Kopf	Beine
Schnabel	Füße
Augen	Schwanz

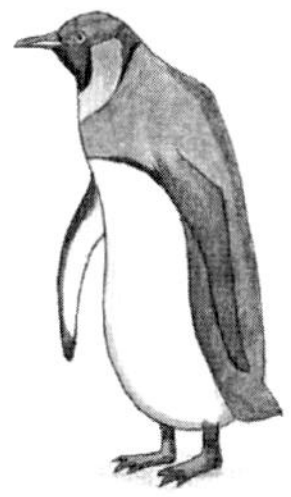

Federkleid als Taucheranzug

ab 4 Jahren

Material:
je Kind 1 Vogelfeder, Speiseöl, je Kind 1 Wattebausch, Schälchen mit Wasser, je Kind 1 Tropfpipette

Arbeitsanleitung:
Setzen Sie sich mit den Kindern an einen Tisch. Stellen Sie sicher, dass die Kinder Sie und die Materialien gut sehen können. Das Federkleid sieht bei Pinguinen aus wie ein Fell, beispielsweise wie das einer Robbe. Dabei handelt es sich jedoch um ein ganz dichtes Federkleid. Damit es wie ein Taucheranzug wirkt und wasserabweisend ist, muss es gut gepflegt werden. Sagen Sie den Kindern, dass junge Pinguine zunächst ein flauschiges Daunenkleid besitzen. Deshalb dürfen sie so lange nicht ins Wasser, bis ihnen ein vollständiges Federkleid gewachsen ist. Zeigen Sie den Kindern den Wattebausch und lassen Sie die Kinder erfahren, wie er sich anfühlt. Sagen Sie den Kindern, dass sich auch das Daunenkleid eines jungen Pinguins genauso flauschig anfühlt. Bevor Sie den Wattebausch in das Schälchen mit Wasser geben, stellen Sie den Kindern folgende Frage: „Was meint ihr passiert mit dem Wattebausch, wenn ich ihn in das Schälchen mit Wasser gebe?" Sammeln Sie die Antworten, ohne sie zu kommentieren. Geben Sie nun den Wattebausch in das Schälchen mit Wasser und lassen Sie die Kinder beobachten und ihre Wahrnehmungen äußern. Anschließend nehmen Sie die Vogelfeder und tröpfeln mit der Pipette etwas Öl darauf. Tauchen Sie diese kurz in das Wasser und ziehen sie anschließend schnell wieder heraus. Im Vergleich zum Wattebausch perlt das Wasser bei der Vogelfeder ab und saugt sich nicht voll.

Sachinformationen für Erzieher*innen:
Das Federkleid von erwachsenen Pinguinen sieht aus wie ein Fell. Die Federn liegen dicht aneinander, sodass sie eine glatte Oberfläche bilden und das Wasser gut abperlt. Mit Hilfe eines öligen Sekrets aus der Bürzeldrüse fetten die Pinguine ihr Gefieder ein. Die Bürzeldrüse befindet sich am unteren Ende des Pinguinrückens. Indem die Pinguine mit ihrem Schnabel auf die Drüse drücken, sondert die Drüse das ölige Sekret ab. Dieses verteilen die Pinguine anschließend mit ihrem Schnabel über das gesamte Gefieder. Im Laufe des Jahres wechseln erwachsene Pinguine ihr Federkleid. Diesen Vorgang nennen Biologen Mauser. Während der Mauser können auch erwachsene Pinguine nicht zum Fischen ins Meer gehen. Sie nehmen deshalb während der Mauser stark an Gewicht ab.
Um junge Pinguine zu schützen, sperren Zoos den Zugang zum Wasser mit Barrieren ab. Die jungen Königspinguine tragen ihr dunkelbraunes Daunenkleid ca. 1 Jahr.

Rückseite Bildkarten (1)

Bildkarten (1)

Bildkarten (2)

Rückseite Bildkarten (2)

Haubenpinguin

BVK Buch Verlag Kempen

Humboldtpinguin

BVK Buch Verlag Kempen

Kaiserpinguin

BVK Buch Verlag Kempen

Kehlstreifenpinguin

BVK Buch Verlag Kempen

Königspinguin

BVK Buch Verlag Kempen

Kronenpinguin

BVK Buch Verlag Kempen

Magellanpinguin

BVK Buch Verlag Kempen

Zwergpinguin

BVK Buch Verlag Kempen

Futter für den Pinguin

ab 2 Jahren

Material:

Kopiervorlage „Futter für den Pinguin“ (s. u.), Bleistift, 1 Schere, je Fisch 2 Wackelaugen, Fotokarton in verschiedenen Farben, Klebstoff, ggf. Laminiergerät und -folie

Arbeitsanleitung:

Kopieren Sie die Vorlage „Futter für den Pinguin“ und schneiden Sie diese aus. Dann legen die Kinder die ausgeschnittene Vorlage auf den bunten Fotokarton und zeichnen die Umrisse mit dem Bleistift nach. Dann schneiden sie die Fische aus.

Tipp: Die Fische halten länger und können öfters verwendet werden, wenn Sie sie laminieren. Die laminierten Fische müssen Sie erneut ausschneiden. Zuletzt kleben Sie dem Fisch auf jeder Seite ein Wackelauge auf.

Kopiervorlage „Futter für den Pinguin“

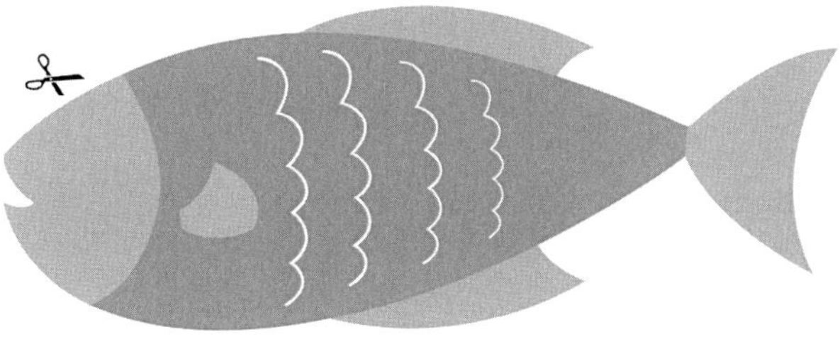

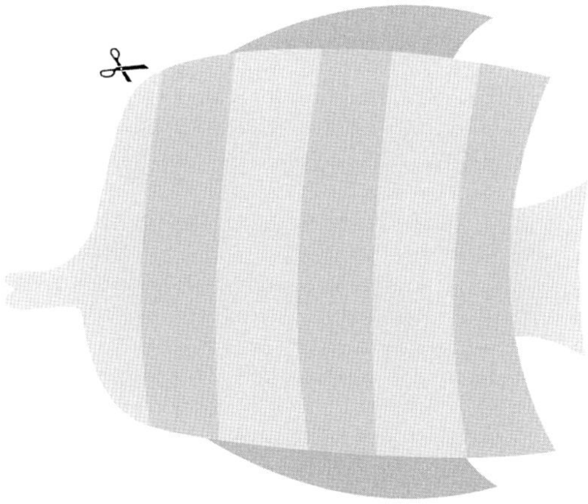

Vorlagen evtl. hochkopieren.

Fische fangen

ab 3 Jahren

Welcher Pinguin fängt welchen Fisch? Spure nach.

Krill

ab 5 Jahren

Schneide die Puzzleteile aus.
Lege die Teile richtig zusammen. Klebe sie dann auf ein Blatt Papier.

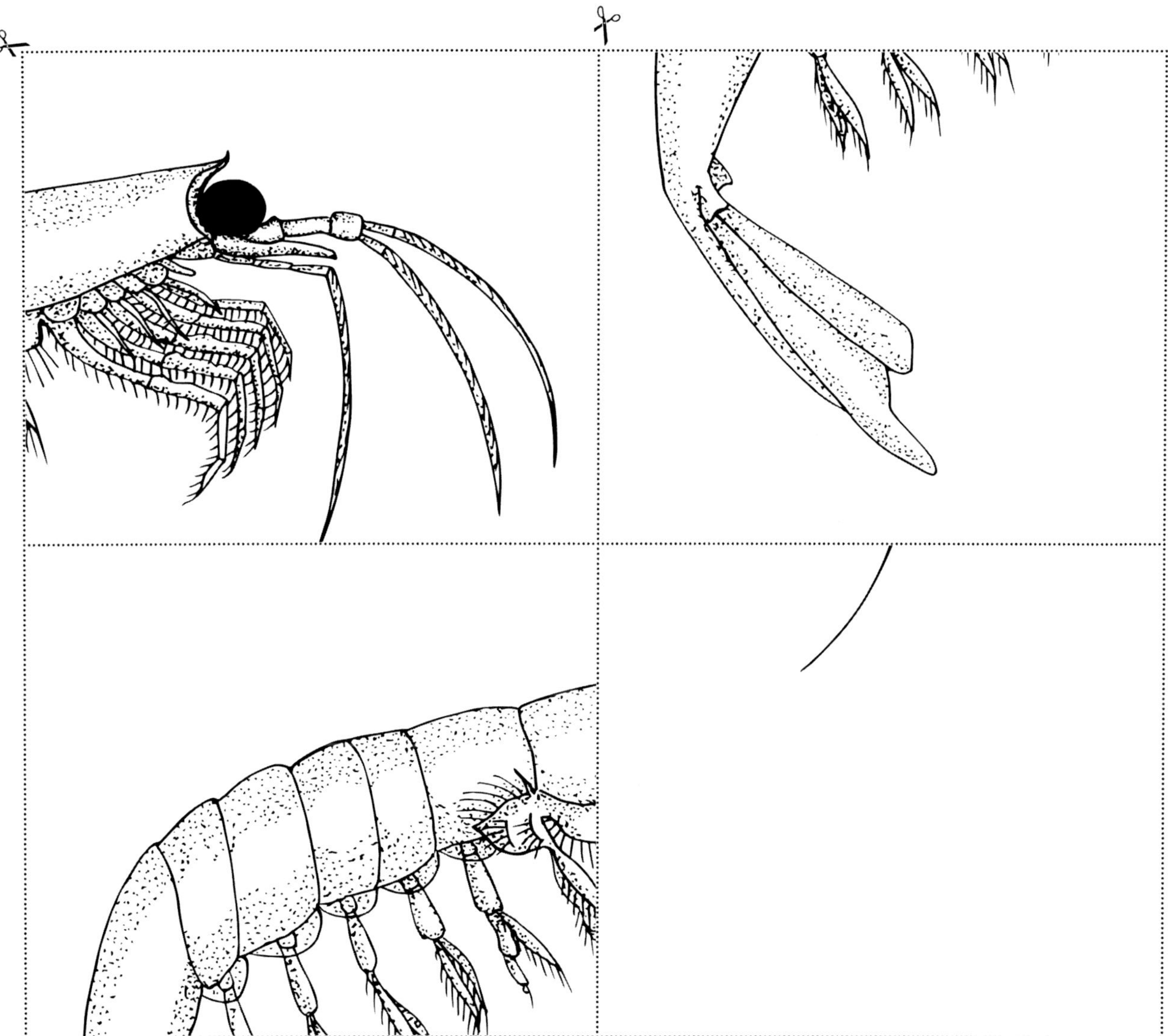

Die Lebensräume der Pinguine (1)

ab 5 Jahren

Material:
Kopiervorlage „Weltkarte“ (s. S. 25), farbige Bildkarten (s. Heftmitte)

Arbeitsanleitung:
Setzen Sie sich mit den Kindern an einen Tisch. Bevor Sie mit den Kindern die Weltkarte anschauen, fragen Sie die Kinder, ob sie wissen, wo Pinguine leben. Sammeln Sie die Antworten. Zeigen Sie den Kindern anschließend die Weltkarte. Erläutern Sie, dass es Pinguine gibt, die in sehr kalten Regionen leben. Damit es für die Kinder verständlicher wird, können sie als Vergleich die Temperatur einer Tiefkühltruhe erwähnen, auch wenn der Lebensraum von Königs- und Kaiserpinguinen mit bis zu – 40 °C wesentlich kälter ist. Erklären Sie den Kindern, dass es aber auch Pinguine gibt, die die Wärme lieben. In Afrika lebt zum Beispiel der Brillenpinguin. In Brasilien und Peru sind Humboldtpinguine zu Hause. Legen Sie gemeinsam mit den Kindern die passenden Bildkarten auf die entsprechenden Orte auf der Weltkarte.

Sachinformationen für Erzieher*innen:
Pinguine leben nur auf der Südhalbkugel der Erde. Hier finden Sie eine Übersicht, auf welchen Kontinenten die unterschiedlichen Pinguinarten leben:

Kontinent	Pinguinart
Südamerika • Galápagosinseln • Küste vor Brasilien und Peru • Uruguay, Südbrasilien, Chile und Argentinien	• Galápagospinguin • Humboldtpinguin • Magellanpinguin, Goldschopfpinguin
Afrika	Brillenpinguin
Australien und Neuseeland	Gelbaugenpinguin, Dickschnabelpinguin, Zwergpinguin, Kronenpinguin
Antarktis	Kaiserpinguin, Haubenpinguin, Königspinguin, Zügelpinguin, Adeliepinguin, Eselspinguin, Kehlstreifenpinguin

Die Lebensräume der Pinguine (2)

Galápagos-Inseln

Südamerika

Namibia

Südafrika

Antarktis

Australien

Neuseeland

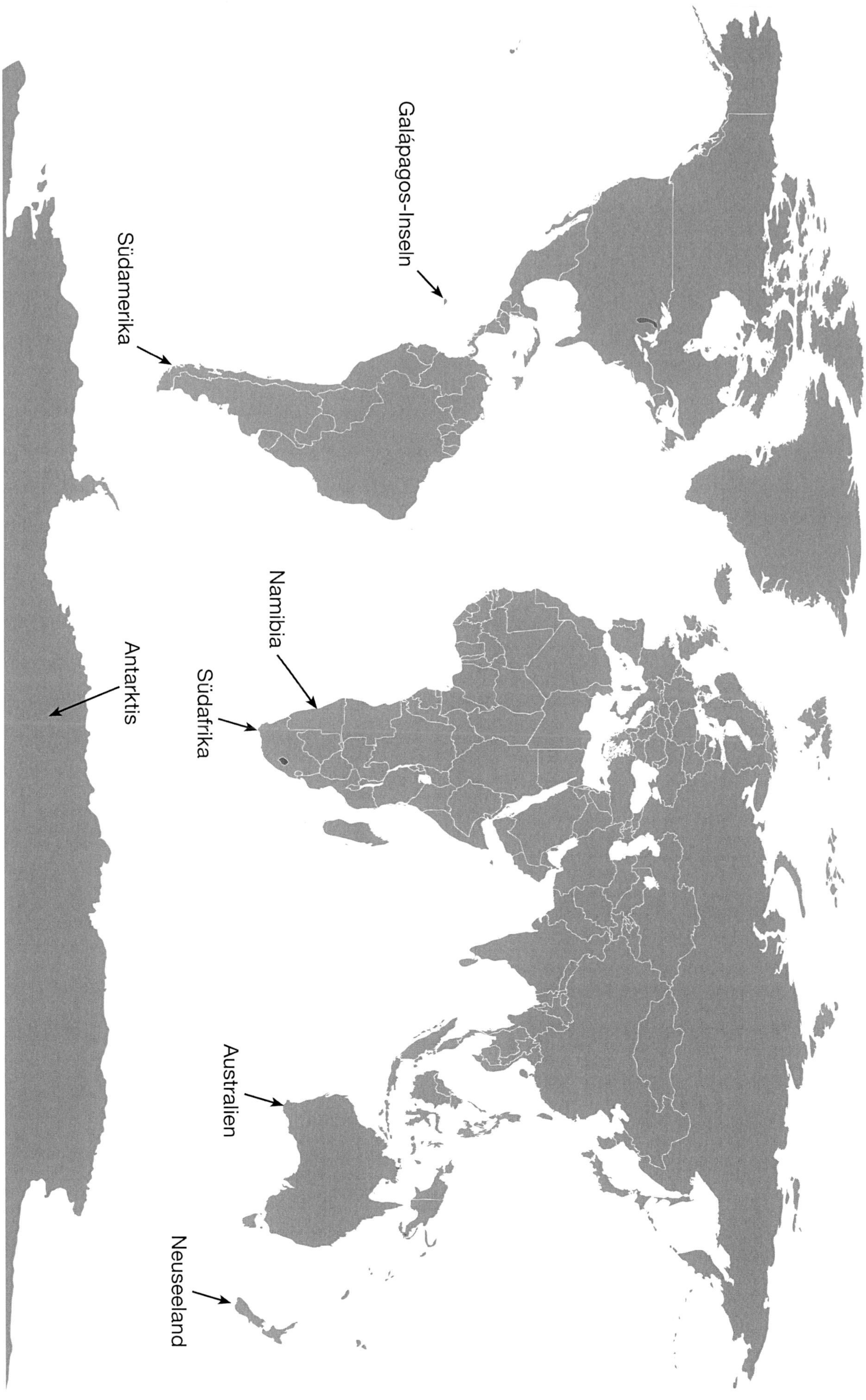

Groß oder klein – kalt oder warm?

ab 4 Jahren

Material:
farbige Bildkarten (s. Heftmitte), ggf. 1 Laminiergerät und -folie

Arbeitsanleitung:
Betrachten Sie gemeinsam mit den Kindern die Bildkarten. Wenn Sie möchten, laminieren Sie die Bildkarten vorher. Dann halten sie länger. Fordern Sie die Kinder nun auf zu beschreiben, was sie sehen. Fragen Sie sie, was sie über Pinguine wissen. Folgende Fragen können Ihnen und den Kindern als Sprechanlässe helfen:

- Welcher ist der kleinste Pinguin?
- Welcher ist der größte Pinguin?
- Ist der Pinguin ein Vogel?
- Haben Pinguine ein Fell? Wenn es kein Fell ist, was ist es dann?
- Leben Pinguine alle am gleichen Ort? Welche Unterschiede könnt ihr erkennen?
- Habt ihr schon einmal einen echten Pinguin gesehen? Wo war das?
- Wie sah er aus?
- Haben alle Pinguine den gleichen Schnabel oder erkennt ihr Unterschiede?
- Welcher Pinguin gefällt euch am besten und warum?

Sachinformationen für Erzieher*innen:
Es gibt, je nach Zählart, 17 oder 18 verschiedene Pinguinarten. Das liegt daran, dass einige Forscher den südlichen Felsenpinguin und nördlichen Felsenpinguin als zwei Arten sehen und andere Forscher sie als eine einzige Art zählen. Pinguine unterscheiden sich, neben ihrem unterschiedlichen Aussehen, deutlich in Größe und Gewicht. Am häufigsten können Kinder und Erwachsene in deutschen Zoos Brillen- und Humboldtpinguine beobachten. Einige wenige Zoos halten auch Königspinguine. Hierzu zählen die Zoos in Berlin, Hamburg, München und Wuppertal. Pinguine sind flugunfähige Vögel, sie ernähren sich von Fischen und Krill. Krill ist die Sammelbezeichnung für Kleinstlebewesen, die im Meer leben. Dabei handelt es sich überwiegend um kleine Krebse. Die Federn von Pinguinen sehen aus wie das Fell einer Robbe, sind jedoch Federn.

Vom Ei zum Pinguin

ab 5 Jahren

Schneide die Bilder aus.
Klebe sie in der richtigen Reihenfolge auf.

Ei-Übergabe bei den Kaiserpinguinen

ab 5 Jahren

Material:
je Kinderpaar: 1 weicher Ball (ca. 10 cm Durchmesser)

Arbeitsanleitung:

- Erzählen Sie den Kindern, dass bei Kaiserpinguinen das Weibchen nur ein einziges Ei legt. Es übergibt das Ei direkt an das Männchen, denn der Pinguin-Papa brütet das Ei aus. Damit das Ei ausgebrütet werden kann, benötigt es Wärme. Deshalb kommt es in die warme Bauchfalte zwischen den Füßen des Männchens. Es darf bei der Übergabe nicht auf das Eis rollen, weil das Küken im Ei ansonsten erfrieren kann.
- Die Kinder stellen sich dicht gegenüber.
- Ein Kind klemmt den Ball fest zwischen die Füße.
- Es nähert sich mit dem Ball dem anderen Kind und versucht, den Ball zu übergeben. Der Ball soll nach Möglichkeit nicht den Boden berühren.
- Das andere Kind nimmt den Ball mit seinen Füßen auf und klemmt ihn zwischen seinen Füßen fest.
- Falls die Übergabe des Balls so zu schwierig ist, können die Kinder ihre Hände wie einen Schnabel vor den Mund halten und als Hilfsmittel benutzen, um „das Ei“ auf die Füße des anderen Kindes zu schieben.

Sachinformationen für Erzieher*innen:
Das Spiel schult die Koordination und Motorik der Kinder. Leider funktioniert auch bei den Kaiserpinguinen die Eiübergabe nicht immer reibungslos. Der Nachwuchs in den Eiern erfriert dann in der antarktischen Kälte. Tatsächlich schieben die Pinguinweibchen das Ei deshalb öfters mit ihrem Schnabel auf die Füße des Männchens. So kann das Männchen es schneller in die schützende Bauchfalte schieben.

Nachwuchs bei den Kaiserpinguinen

ab 5 Jahren

Die Kaiserpinguine bekommen ein Küken.
Die Reihenfolge der Bilder ist durcheinandergeraten.
Nummeriere die Bilder richtig.

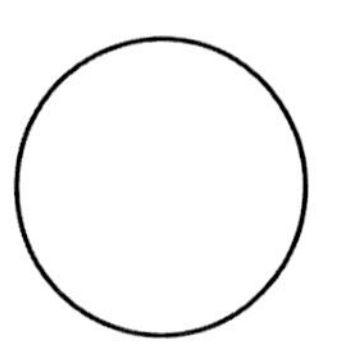

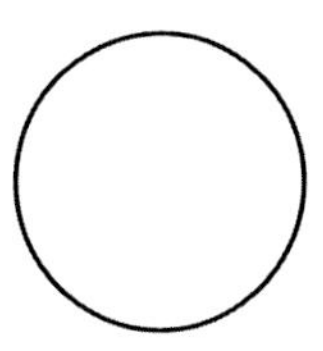

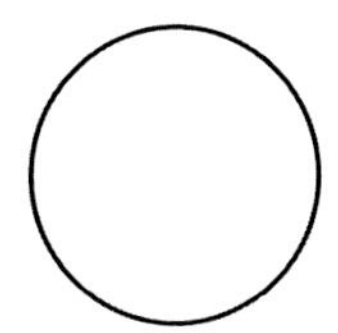

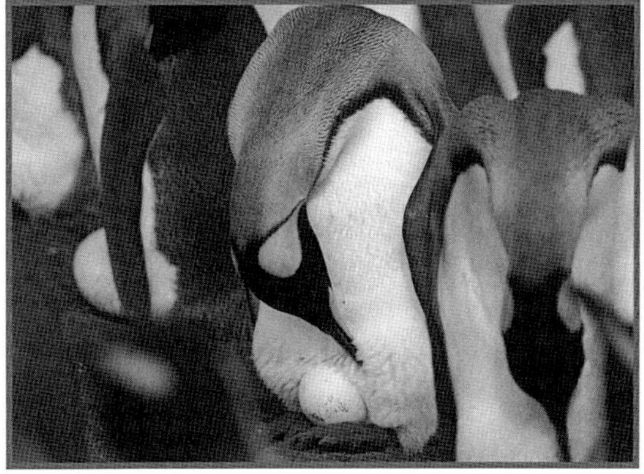
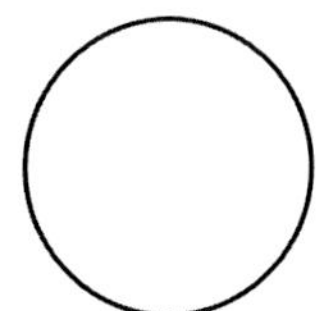

Liebes Küken, wir haben etwas zu fressen für dich

ab 3 Jahren

Material:
1 Augenbinde / Tuch

Arbeitsanleitung:
Zunächst sitzen alle Kinder im Stuhlkreis. Für jeden Durchgang werden drei Kinder ausgesucht. Zwei Kinder sind die Pinguineltern und ein Kind ist das Pinguinküken. Dieses Kind stellt sich in die Mitte des Stuhlkreises. Verbinden Sie ihm die Augen mit der Augenbinde / dem Tuch.

Die Pinguineltern verteilen sich im Stuhlkreis.

Nun muss das Küken seine Eltern durch genaues Hinhören finden. Dazu bittet es die Eltern: „Liebe Eltern, piept einmal!".

Daraufhin piepen beide Eltern nacheinander. Das Küken versucht, das Piepen zu orten und geht zunächst auf ein Elternteil zu.

Hat es ein Elternteil gefunden, piept der zweite Elternteil noch einmal. Ist die Richtung falsch, piept der noch nicht gefundene Elternteil erneut. Hat das Küken auch den zweiten Elternteil gefunden, wird die Augenbinde abgenommen und die nächste Runde beginnt.

Differenzierungstipp:
Bei jüngeren Kindern rät das Küken nur einen Elternteil.
Für lernmotivierte Kinder können sich die Eltern in einem größeren Raum, beispielsweise im Turnraum, verteilen. Dann ist es für das Küken schwieriger, die Eltern zu finden.

Sachinformationen für Erzieher*innen:
Das einzige Küken der Kaiserpinguine wird vom Vater ausgebrütet und schlüpft im Juli. Nach dem Schlüpfen wird es zunächst vom Vater mit milchiger Nahrung versorgt. Wenn das Weibchen dann zurückkehrt, übernimmt es das Füttern des Kükens. Jetzt bekommt das Küken Fisch. Die abgemagerten Männchen wandern zum Jagen ins Meer. In den nachfolgenden Monaten wechseln sich die Eltern bei der Fütterung ab. Ab September, wenn das Küken größer ist und mehr Nahrung benötigt, gehen beide Eltern zeitgleich zum Fischen ins Meer. Das Küken bleibt in einem sogenannten „Kindergarten" zurück. Dort versammeln sich alle Pinguinküken und wärmen sich gegenseitig, indem sie sich eng aneinanderkuscheln. Kehren die Eltern aus dem Meer zurück, rufen sie ihr Küken durch ein individuelles Piepen.

Feinde der Pinguine

ab 3 Jahren

Orcas und Raubmöwen (1)

ab 3 Jahren

Material:
5 Gymnastikreifen, für jedes Kind 1 Armbinde / Tuch,
Bildkarten: „Feinde der Pinguine" (s. S. 31)
Differenzierungsangebot: 2 Bänke oder 2 kleine Sprungkästen,
für jedes Kind 1 weitere Armbinde / Tuch in einer anderen Farbe

Vorbereitung:
Verteilen Sie die Gymnastikreifen auf dem Boden der Turnhalle.

Spielanleitung:

Für jüngere Kinder:

- Sagen Sie den Kindern, dass Pinguine auch Feinde haben. Besprechen Sie mit ihnen die Bildkarten „Feinde der Pinguine". Welche Tiere kennen die Kinder? Lassen Sie die Kinder erzählen. Nehmen Sie dann die Karten des Orcas und der Raubmöwe. Zeigen Sie den Kindern die beiden Bildkarten.

- Erklären Sie ihnen, dass die Pinguine den Orcas im Wasser schutzlos ausgeliefert sind, auf den Eisschollen hingegen relativ sicher sind. Die Raubmöwen sind für kleine Pinguine und Pinguineier gefährlich, da sie aus der Luft angreifen, wenn die Eltern nicht aufpassen können.

- Fragen Sie die Kinder, wer zuerst den Orca spielen möchte, um die Pinguine zu fangen. Als Erkennungszeichen bekommt das Kind eine Armbinde / ein Tuch um den Arm gebunden.

- Die anderen Kinder sind die Pinguine. Sie laufen im Turnraum herum.

- Der Orca versucht, die Pinguine zu fangen.

- Die Pinguine sind nur auf einer Eisscholle (Gymnastikreifen) vor ihm sicher. Allerdings hat immer nur ein Pinguin auf der Eisscholle Platz. Kommt also ein weiterer Pinguin hinzu, muss der erste Pinguin die Eisscholle verlassen und weiter zur nächsten Eisscholle „schwimmen".

- Wenn der Orca einen Pinguin gefangen hat, wird der Pinguin ebenfalls zu einem Orca. Das Kind erhält nun auch eine Armbinde.

- Nun geht das Fangen aufs Neue los. Sind alle Pinguine gefangen, ist das Spiel zu Ende.

Orcas und Raubmöwen (2)

ab 3 Jahren

Für ältere Kinder:

- Neben den Orcas gibt es auch noch die Raubmöwen als Feind. Bestimmen Sie hierzu ein weiteres Kind als Fänger. Es bekommt eine Armbinde / ein Tuch in einer anderen Farbe.

- Vor der Raubmöwe sind die Pinguine nur auf den Bänken bzw. kleinen Sprungkästen sicher. Bei den Sprungkästen gilt: Nur ein Kind pro Kasten! Bei den Bänken dürfen maximal zwei Kinder Schutz suchen.

- Wenn ein weiteres Kind hinzukommt, müssen die Kinder ihren Platz verlassen und zurück ins „Meer" springen.

Achtung: Auf den Bänken oder Sprungkästen sind die Pinguine nur vor der Raubmöwe sicher. Kommt der Orca, kann er sie fangen. Umgekehrt gilt: Im Reifen sind die Kinder nur vor dem Orca sicher, die Raubmöwe kann sie fangen.

Alternative: Dieses Spiel können Sie mit allen weiteren Feinden fortführen. Überlegen Sie gemeinsam mit den Kindern, wo sie vor den einzelnen Feinden sicher sein könnten.

ab 2 Jahren

Leckere Vollkorn-Schoko-Pingus (1)

Zutaten für den Teig (für ca. 18 Plätzchen):
200 g Dinkelvollkornmehl, 100 g Buchweizen gemahlen, 200 g kalte Butter, 160 g Akazienhonig, Schale einer unbehandelten Zitrone, 2 – 3 EL Wasser

Zutaten für den Schokoladenguss:
70 g Kakaobutter, 70 g Akazienhonig, 30 – 40 g Kakao, 2 Tropfen ätherisches Tonka-Öl

Zutaten für die Verzierung:
Honigmarzipan, Kokosflocken

Arbeitsmittel:
1 Schüssel, 1 Küchenwaage, 1 Reibe, Nudelhölzer, 1 Kühlschrank, Gläser (mit etwa 7 cm Durchmesser), 1 Herd mit Backofen, Backpapier, Abkühlgitter, 1 kleiner Topf, 1 Schneebesen, Pinsel, Zahnstocher

Leckere Vollkorn-Schoko-Pingus (2)

ab 2 Jahren

Zubereitung Kekse:

1. Alle Zutaten in die Schüssel geben und mit den Händen zu einem Mürbeteig verarbeiten. Den Teig dann mindestens 30 Minuten im Kühlschrank ruhen lassen.
2. Den Teig anschließend auf einer leicht bemehlten Arbeitsplatte ausrollen. Der Teig sollte etwa 0,5 cm dick sein.
3. Dann können die Kinder mit den Gläsern die Plätzchen ausstechen.
4. Die Plätzchen im vorgeheizten Backofen bei 160 – 180 °C auf der mittleren Schiene ca. 10 – 12 Minuten goldgelb backen. Die Plätzchen auf einem Gitter auskühlen lassen.

Zubereitung Schokoguss und Verzierung:

1. Die Kakaobutter auf kleinster Herdstufe in einem Topf langsam schmelzen lassen.
2. Den Honig dazugeben und unterrühren, bis er sich gelöst hat.
3. Dann den Kakao mit dem Schneebesen dazurühren.
4. Das ätherische Tonka-Öl zufügen und nochmals alles mit dem Schneebesen verrühren.
5. Nun den Schokoguss mit einem Pinsel in Form kleiner Pinguinmäntel auf den Keks auftragen.
6. Aus dem Honigmarzipan kleine Augen in Kugelform rollen. Diese in Kokosraspeln wälzen und dann auf die Kekse platzieren.
7. Den Zahnstocher in die Schokomasse tauchen und vorsichtig die Pupillen wie auf dem Foto gestalten.

Tolle kleine Pinguine!

Pinguinfest zum Abschluss

Dekoration:

- So sieht ein Pinguin aus, s. S. 11 – 12
- Eselspinguin, s. S. 13
- Zahlenpinguin, s. S. 14
- Futter für den Pinguin, s. S. 21

Verpflegung:

- Leckere Vollkorn-Schoko-Pingus, s. S. 33 – 34

Vorführung:

- Die Kinder führen den Abzählreim „Pinguine an Land und im Meer“ (s. S. 5, 7 und 8) auf.
- Anschließend singen die Kinder das Lied „Pinguine sind so wunderbar“ (s. S. 9) zunächst allein mit Ihnen. Eine Begleitung durch Musikinstrumente ist wünschenswert. Beim zweiten Mal singen die Gäste mit und machen die entsprechenden Bewegungen nach.

Stationen für die Besucher:

Die einzelnen Stationen sind von Ihnen und den Kindern besetzt. Sie bieten den Kindern die pädagogisch wichtige Möglichkeit, ihr erworbenes Wissen über Pinguine in einem geschützten Rahmen zu präsentieren. Dies stärkt das Selbstbewusstsein der Kinder nachhaltig und sorgt für Selbstvertrauen – nach dem Motto: „Ich weiß etwas und ich kann etwas.“ Bauen Sie drei oder vier Stationen auf.

Beispiele für Stationen:

- Die Bildkarten aus der Heftmitte „Kaiserpinguin“, „Zwergpinguin“, „Brillenpinguin“ werden ausgelegt.
  Den Gästen werden folgende Fragen gestellt: Wie heißt der größte Pinguin? Wie heißt der kleinste Pinguin? Welcher Pinguin lebt in Afrika?
  An dieser Station testen die Gäste ihr Wissen rund um das Thema Pinguine.
  Die Kinder überprüfen als Pinguin-Experten die Antworten. Wenn die Gäste die Fragen richtig beantwortet haben, bekommen sie einen gebastelten Fisch („Futter für den Pinguin“, s. S. 21) als Preis.

- Fell oder Federkleid? Hier wird das Experiment „Federkleid als Taucheranzug“ (s. S. 16) gemacht. Die Kinder fragen die Besucher zunächst, woraus der „Taucheranzug“ von Pinguinen besteht. Sie greifen nur im Bedarfsfall unterstützend ein.

- Ein Angebot zu „Vom Ei zum Pinguin“ (s. S. 27). An dieser Station sollen die Gäste die Bilder in die richtige Reihenfolge legen. Anschließend überprüfen die Pinguinexperten die Lösung.

Kopiervorlage „Einladung Pinguinfest"

Einladung zum Pinguinfest

Herzliche Einladung zum Pinguinfest in unserer Einrichtung!

Datum, Uhrzeit: ______________________________

Wo?______________________________

Es erwarten Sie unsere Pinguinkinder und das Team der Kita!

✂ ....

✂ Bitte hier abtrennen. Vielen Dank.

Bitte geben Sie diesen Abschnitt bis zum ______________

in der ______________________________-Gruppe ab.

Name des Kindes: ______________________________

Wir kommen mit ______ Erwachsenen und ______ Kindern zum Fest.